君が思うより人生は短い

TAKUYA SENDA
千田琢哉

あさ出版

「あのとき、
本当は好きだった……」と
言わないために。

「あっ」

小さく君が叫んだ。

「1000回目」

何を言っているのかわからなかった。


「あなたが作家になると言い続けて、これで1000回目」

君の手帳には「正」の文字がびっしり書き込まれていた。

美しい文字だった。

「1000回言い続けた夢は、必ず叶うのよ」

よくわからないが、とてもうれしかった。

君は続けた。


「お願いがあるの」

理由を聞かずに承諾した。

「あなたが出す本すべてに、2人だけのメッセージを忍ばせておいて」

秘密のメッセージは呆れるほどにシンプルなものだった。
君の最期の言葉だった。

あれから四半世紀、ずっと君とともに生きてこられた。
おかげさまで君の言った通り本も出せた。
紆余曲折あったけれど、ずっと君とともに書いてこられた。
すべての本に君の息吹を籠めてきた。

そう、ニーチェの『ツァラトゥストラ』は
医学部に在籍していた君の愛読書だった。
君からもらったものを今でも大切に持っている。
「超人」なら昔読んだ『キン肉マン』にも多数登場したから知っているよと、
自信満々に長談義したのが聡明な君と最初に交わした会話だった。
君からもらった『ツァラトゥストラ』のラスト「大いなる正午」という言葉には、
ダーマトグラフの橙（だいだい）で力強く、ぐりぐりと何重ものマルで囲まれている。

人生は短い。
とてつもなく短い。
138億年という宇宙の歴史の中で人の一生は刹那である。
どんな偉人もどんな大富豪も栄枯盛衰を繰り返しながら生滅する。
「癌」や「余命3ヵ月」と宣告されてからはじめて死と向き合うのではなく、
今から自分の死がいずれ必ず訪れる現実として生きるのだ。
死を他人事としてではなく自分事としてとらえて生きるのだ。
そもそも我々に明日目が覚める保証などない。
それはあなたも私もあの人も同じである。

あなたにできることは、1つしかない。
「あのとき、本当は好きだった……」と言わないために、
今この瞬間をちゃんと生きることだ。
ちゃんと、生き切ることだ。
そうすればニーチェが提唱した「大いなる正午」を味わえるだろう。

「大いなる正午」は頭で考えて理解するものではない。
それはただ、体感するものである。
今この瞬間を生き切り、あなたの全身の細胞で直に味わい尽くすのが、
「大いなる正午」なのだ。
本書をきっかけにしてこの世のあらゆる固定観念を払い除け、
自分の直感を信じて今この瞬間を堪能しよう。
人は、きっと、そのために生まれてきたのだから。

2023年2月吉日

南青山の書斎から　千田琢哉

Part.1

1年後、人生が終わるとしたら

CONTENTS

Part.2

1カ月後、人生が終わるとしたら

Part.3

1週間後、人生が終わるとしたら

Part.4

1日後、人生が終わるとしたら

Part.5

1時間後、人生が終わるとしたら

Part.6

1分後、人生が終わるとしたら

校閲　鷗来堂
本文デザイン・DTP　辻井　知（SOMEHOW）
JASRAC 出 2301175-301

Part.1

1年後、人生が終わるとしたら

01

今から「余命1年」と宣告されたものとして生きる

20世紀に活躍したドイツの哲学者ハイデガーは言った。

「人間は自らの死を受容してからはじめて人間になる」

これはその通りだ。

死を受容していない人間は人生がいつまでも続くと思っているから、終始群れに群れて愚痴・悪口・噂話で日常を埋め尽くして寿命をドブに捨て続ける。

何か起こるとすぐに野次馬と化してこれまた卑しく群がる。

インターネット上のSNSがまさにそうで「現代版・村社会」だ。

あなたの周囲にもそんな連中は多いだろう。

翻（ひるがえ）って、あなた自身はどうだろうか。

もし今この瞬間に「余命1年」と宣告されたら、

そんな生きる屍のような醜くて卑しい人生を送るだろうか。
きっと、しないだろう。

「余命1年」と宣告されていないうちから余命1年として生きると、
あなたの人生は桁違いに濃くなるはずだ。
余命1年の人間はぶったるんだ顔をしていない。
今この瞬間を全身の細胞で感謝しながら生きるからだ。
自らの死を受容するのは悲しいことではなく、とても素敵なことである。

02

エッカーマンの『ゲーテとの対話』を堪能する

これまで「おススメの本は何ですか？」とよく聞かれた。
控え目に言って1000人以上はいたと思う。
そう問うた人たちの学力や教養、さらに性格や趣味も大きく異なったため、
私は適当にその場限りでお茶を濁し続けてきた。
まるで反省していないし、今でもそれでよかったと思っている。
人は安易に無料で知恵の結晶を乞うべきではないからだ。

私の本心からの推薦本は『ゲーテとの対話』である。
大袈裟ではなくこれは圧巻であり、人生でこれを読んだ人と読まなかった人の差は
とてつもなく大きくなること必至だ。
とりわけ今頭に浮かんだ死に関する言葉をここで紹介しよう。

「私のように八十歳をすぎればもうほとんど生きる資格はないものだ。
毎日、死を覚悟していなければならない。」（1831年5月15日 日曜日）

いかがだろうか。

私がこの言葉に出逢ったのは大学生の頃だったが、
よく意味がわからないまま全身に鳥肌が立ったのを今でも鮮明に憶えている。
理屈ではなく直感でこれは正しいと思ったのだ。
そして生涯にわたって何度も熟読玩味しようと私は誓った。

03

感謝が足りなかった人すべてに「ありがとう」を伝え切る

「あの人には感謝が足りていなかったな……」

「あんなにお世話になったのに、ちゃんと直接お礼を言っていなかったな……」

誰にでもそんな相手がいるだろう。


紀元前の中国の思想家である孔子は「仁」と「礼」の大切さを説いた。

仁とは思いやりであり、礼とはその思いやりを態度できちんと示すことである。

どちらが大切というものではなく、どちらも大切なのだ。

2つで1つなのだ。


もしあなたに1年残されていれば、感謝が足りなかった人すべてに「ありがとう」を伝えて回ることは不可能ではないだろう。


そんなに気負って切羽詰まる必要はない。

数人や、せいぜい十数人程度でいいのだ。

これを「余命1年」でやると筆舌に尽くし難いほど幸せな気分に浸れるが、

「余命1年」でもないのにやるとそれを機に人生が変わる。
それもかなり急速に好転し始めるだろう。

私は「最近、運気がイマイチだな」と察知するたびに、
お礼のハガキを出してきた。
いや、正確には運がいい状態をスタンダードにするために
ハガキを出し続けてきたな。

04

謝罪が足りなかった人すべてに「ごめんなさい」を伝え切る

「あの人には謝罪が足りていなかったな……」

「あんなに迷惑をかけたのに、ちゃんと直接お詫びをしていなかったな……」


誰にでもそんな相手がいるだろう。

もしあなたに1年残されていれば、謝罪が足りなかった人すべてに「ごめんなさい」を伝えて回ることは不可能ではないだろう。


そんなに気負って切羽詰まる必要はない。

数人や、せいぜい十数人程度でいいのだ。

これを「余命1年」でやると筆舌に尽くし難いほど爽快な気分に浸れるが、「余命1年」でもないのにやるとそれを機に人生が変わる。

それもかなり急速に好転し始めるだろう。


もちろんセンチメンタルになって謝罪する価値のない相手に謝罪する必要はない。

謝罪する価値のない相手というのはこの世に確実にいるからね。

映画『サイドカーに犬』の中で竹内結子演じるこんな愛人のセリフがあった。

「許すつもりのない人に謝っても仕方ないの」

これは善悪を超越して正しい。
正しい、という表現は正確ではないな。
自然の摂理に則っていると表現するべきか。

05

どうしても許せない相手「上から3人」に完全犯罪の復讐を企てる

今から恐ろしいことを述べるので、どうか心して読み進めてもらいたい。
私は完全犯罪の事件が好きだ。
ここで言う「好きだ」というのは興味深いという意味であって、
「ミントチョコのアイスクリームが好きだ」の「好きだ」とは違う。

完全犯罪の加害者と被害者の確執だとか憎悪の念に興味があるのではなく、
数学的に、論理的に、構造的に「どうやって果たしたのだろう」とそそられる。
完全犯罪を扱った小説やノンフィクションには一定のファンがいるから、
やはり大勢の人の心の内奥に共鳴する〝何か〟があるのだろう。

あなたにはどうしても許せない相手が何人かいるはずだ。
私にもいる。
そんな場合はどうすればいいのだろうか。

まず、**どうしても許せない自分を許してあげるのだ。**

次に、「余命1年」と宣告を受けたつもりで「上から3人」に
完全犯罪の復讐を企てよう。
企てで終わるだけでもスッキリするし、
そのまま実現できたらそれはそれですばらしい。
完全犯罪というのは人間の理屈や善悪を超越して神に近い証だと思う。
人生では警察や裁判官には伝わらないことなんていくらでもあるからね。

06

もっと知りたかったことを勉強する

1年間あればかなりの勉強ができる。

実際に私と同世代だった若者が大病を患い、自分の大学受験の合格を確認してから亡くなったという実話もあるくらいだ（確かドラマ化されたような気がする）。

きっと、今でもそういう人はインターネット上で何人もいるのではないだろうか。

当時の私は「どうせ死ぬのに勉強してどうするのだろう」と疑問に思ったが、**どうせ死ぬからこそ勉強するのだ。**

これはドイツの哲学者ニーチェの提唱した「力への意志」に通ずる。

人には「今よりも強くなりたい！」「もっと賢明になりたい！」という本能があり、その湧き上がる本能に則って生きることでより人間らしく生きられるというのだ。

それがニーチェの超人思想とも深く関係してくる。

そう考えると、昔私が勘違いしていた『キン肉マン』の超人たちともあながち無関係ではあるまい。

人間本来の自然の欲求「力への意志」は勉強や筋トレに限った話ではなく、ゲームでもお笑いでも音楽でも対象は何でもいいのだ。
大切なのはあなたの生命力が心底漲ってくる土俵で勝負することである。

特に何も思いつかなければ、もっと知りたかったことを勉強しよう。
それは合格のためではなく、あなたの命を燃やし尽くすためなのだ。

07

暴飲暴食をしない

「癌」や「余命1年」と宣告されるとヤケクソになる人もいる。
厳しい言い方になるが、それはあらかじめ覚悟をしておかなかった報いだ。

私は大学時代に死を受容せざるを得ない経験をさせてもらったが、
それが今の生き方につながっている。
年齢に関係なく「人は必ず死ぬものだ」というこの当たり前の事実を
知識として知っているだけで、心の底から受容できていない人は
いざとなったら心が乱れてしまうのだ。

虚心坦懐に考えてもらいたい。
癌じゃなくても人は必ず死ぬのだ。
ほかの病気かもしれないし不慮の事故かもしれないし老衰かもしれないが、
死ぬという点においては全員同じである。

ヤケクソになって暴飲暴食をするのは健康に悪いからダメなのではなく、

生きているふりをして本当はもう死んでいるからダメなのだ。

「余命1年」あれば本当にいろんなことができる。
その気になれば恋もできるし、難病を克服する出逢いにも巡り会えるかもしれない。
しかし、暴飲暴食をしている人には誰も近づきたがらないのもまた自然の摂理だ。
唯一健康かつ健全に生きようとする人に対してのみ、人は応援したくなるのだから。

08

毎日きちんと熟睡する

「余命1年」だからこそ、健康に生きることが大切だ。
健康の源泉は毎日の睡眠である。
より正確には、毎日きちんと熟睡することだ。

熟睡は精神を豊かにしてくれるし、免疫力を極限まで高めてくれる。
奇跡を起こしたければ毎日熟睡するに限るだろう。
あなた自身の熟睡がなければ、どんなに名医の治療を受けても水泡に帰す。
なぜ大病を患ったり大怪我をしたりすると
病院に入院をする必要があるのかと言えば、
患者を強制的に熟睡させるためである。
それ以外の理由はどれも些細なことばかりだ。

あなたの周囲でも30代や40代になると急逝する人が徐々に増えてくるだろう。
その人たちが急逝した原因の原因である真因は「睡眠不足」なのだ。
睡眠不足は身体のみならず精神を破壊し続け、免疫力を下げ続ける。

もしあなたの人生が負のスパイラルに陥っており、そこから脱出したいのであれば、つべこべ言わず熟睡することだ。

転校や転職や長期休暇を確保してでも熟睡を優先しよう。

ここだけの話、私は会社勤めの頃によくサボって隠れ家で熟睡していたものだ。

もし今あの頃の自分に会えたなら、「よくやった！」と褒めてやりたい。

09
できるだけ美しい身体を目指す

私はあなたにハリウッドスターやモデルのようになれと言っているのではない。
そういうのはそういう使命を授かったプロたちに任せておけばいい。
あなたはあなたとして、
天から授かった肉体を相応に美しく保つ努力を習慣にしないと、
それは神と自分自身に対する冒涜ですよ、と言いたいのだ。

すでに国内外の専門家たちが科学的エビデンスを用いて公開しているように、
人の筋量と余命は比例することがわかっている。
筋量だけではなくタンパク質の摂取量が多い癌患者は、
そうでない患者よりも長生きすることも判明した。
癌以外の病気でも同じだ。
アントニオ猪木が最期にあそこまで凄まじい生命力を我々に見せてくれたのは、
彼には筋量があったからだ。

あなたも「余命1年」の宣告を受けたら、できるだけ美しい身体を目指そう。

激しい運動をしなくてもいい。
軽めの筋トレやストレッチ、ウォーキングなど
自分の身体に合ったものを日課にして、
タンパク質を豊富に含んだバランスのいい食事を心がけることだ。
仮にそれで奇跡が起こらなくても、美しい身体を自然界に還すのは礼儀だろう。
美しいということは、自然の摂理に則っているということだ。

10 優雅に長編小説を書く

もし「余命1年」だったら、小説を書いてみたらどうだろう。
ナントカ賞を目指すとか印税をガッポリ稼ぐというのが目的ではない。
あなたがお好きならそういうのを本気で目指してもいいと思うが、
私がここで提案したいのは、
もっと自由に伸び伸びと物語を書けばいいのではないか、
というものだ。

これまでの人生を振り返ってみれば、
恋をしたり敗れたり、成功したり失敗したり、
とろけそうなほどの快感を味わったり辛酸を嘗(な)めたりした記憶が蘇るだろう。
「人は誰でも小説を最低1冊は書けるくらいのネタを持っている」とは、
出版業界でもよく言われるセリフだ。
私もそう信じている。

そうは言っても何をどう書けばいいのかわからないと食い下がってくる人のために、

小説の書き方というジャンルにおいては今世紀最高の名著が登場した。

『プロだけが知っている小説の書き方』（森沢明夫著）だ。

豊富な具体例を盛り込みながら、もうこれ以上ないというくらいわかりやすく惜しみない〝出汁の一滴〟を披露してくれている。

ちなみに私はその本の著者と面識もなければ1ミリのコネもない。

純粋におススメだと思ったからおススメしているだけである。


「余命1年」と言われてからビビらないように、今から「余命1年」として生きる。

Part.2

1カ月後、人生が終わるとしたら

11

24時間×30日＝720時間と考えると意外に長い

「余命1ヵ月」と言われたらあなたはどう思うだろうか。

絶望する人は多いだろう。
しかし、絶望したところで余命1ヵ月という現実が変わるわけでもない。
絶望すればするほど余命が延びるならどんどん絶望すればいいが、
むしろその反対に余命が縮みそうだ。

ところで、1ヵ月というのは何時間だろう。
24時間×30日とすれば720時間だ。
1時間でも結構長いのに、それが720回も残っているというのは幸せなことだ。

冷静に考えると、誰でも数十年生きれば必ずどこかで余命1ヵ月を経験する。
それが20代や30代のこともあれば、40代や50代のこともあり、
さらに80代や90代のこともあるというだけの話だ。
仮にあなたが90代になり周囲に自分の知人が誰もいない状態で、

「余命1ヵ月」と宣告されたとしよう。

「親友たちは何十年も先にこれと同じ経験をしたのだな……」

という寂寥感に苛まれるかもしれない。


結局長生きというのは死の先延ばしにすぎないのだ。

余命1ヵ月なら、あと720回も1時間を味わえる奇跡だと感謝しようではないか。

12

整頓ではなく整理する

整理整頓という言葉がある。
整理と整頓では何がどのように違うのだろうか。

整理とは、捨てること。
整頓とは、美しく並べること。

余命1ヵ月では整頓をする必要はない。
なぜなら、整頓なんてする必要がないくらいに徹底的に整理すればいいからだ。
本当に必要なもの以外はジャンジャン捨てよう。
捨てることを楽しめばいい。

不倫相手の連絡先は残っていないだろうか。
ネットショップのアカウントを削除しないと
購入履歴が見られてしまうかもしれない。
独身女性が亡くなった部屋からは

複数のアダルトグッズが見つかるというのは有名だ。
これらは手を抜くとすべて後悔するから、ぜひチェック項目に加えておこう。

私の書斎は物が少ない。
それは普段から「余命1ヵ月」を意識して整理しているからだ。
徹底的に整理してしまえば、整頓は不要になる。
整頓をしなければならないようでは、まだ整理が甘い。
花は一輪挿しが最も美しい。

13

孤独の時間を確保する

余命1ヵ月になると、ここぞとばかりに人と会いたがる人がいる。
それは醜い。
なぜなら、自分が親友だと信じていた相手には相手の人生があるからだ。

一度くらいならまだしも、何度も会いたがっていると
「いい加減にしろ」と思われてしまい、晩節を汚しかねない。
あなたはショックを受けるかもしれないが、人は所詮孤独なのだ。
この事実はいくら強調しても足りないくらいである。

余命1ヵ月だからこそ、孤独の時間を確保しよう。
「自分は独りで死ぬのだ」と事実を受容するのだ。
今さら惜しまれながら死のうなんて卑しいことを考えてはいけない。
本心から惜しまれながら死ぬ人なんていない。
偉人たちの訃報を聞くと、ライバルたちは内心小躍りしているものだ。
もしこの先トヨタ自動車が倒産したら、競合他社が狂喜するのと同じである。

「持てる者」が死ぬと、「持たざる者」が喜ぶのはインターネット上でいくらでも確認できるだろう。

古今東西問わず「持てる者」は加害者、「持たざる者」は被害者なのだ。

両者が交じり合えることは永遠にない。

14

自分が最期にしたい場所で過ごす

なぜ病院は延命したがるのか。
それはあなたの命が尊いからではない。
そんなはずがないだろう。
病院にしてみればほとんどの患者は赤の他人だ。
しがない赤の他人を必死で延命しようとするのは、そのほうが儲かるからである。
それ以外の理由はどれも些細なことだ。
この本音をおくびにも出さずにどれだけ遺族に気づかれないで暴利を貪れるのか、
それが現代の医療の世界である。
ここに議論の余地はない。

医者は患者の癌を発見したら瞬時に頭の中で次の算盤を弾く。
この患者に抗癌剤治療を何回していくら稼げるのか。
この患者を延命させれば合計いくらになるのか。
ビジネスとして当然のことだ。

癌に限らず、全身管だらけにされて最期を迎えたいのか、
それとも自宅で眠りながら死ぬのかは、あなたが決めればいい。
余命1ヵ月は自分が最期にしたい場所で過ごすことだ。
最期くらい、どこかの誰かの金蔓（かねづる）となる生き方はやめようではないか。

15

食欲がないなら無理に食べない

食欲がないということは、食べるなということだ。

身体は必ずベストな情報を脳に送り続けている。

食欲があれば食べればいいし、食欲がなければ食べなくていい。

シンプルだけど、それだけの話だ。


よく風邪気味で食欲がないのに「体力をつけなければ」と無理に食べようとする人もいるが、それは間違いである。

身体はあなたに食欲を失わせて消化器でエネルギーを消耗させないようにし、風邪のウイルスを撃退することに集中しようとしているのだ。


余命1ヵ月であればなおさらそうである。

身体は余計なエネルギーを消耗しないように最適な判断をして食欲を抑えているのだから、余計なことをしないほうがいい。

どんな専門家の意見よりも身体という自然の摂理を信じよう。

無理に食べても食べなくても、結局は死ぬのだ。

ここにきて我慢をする意味がない。

もし私が余命1ヵ月と宣告されてその時点で食欲がなければ、断食の絶好のチャンスだと考える。

そもそも食欲がないのだから、それはきっと、心地いい断食になるだろう。

16

動きたいなら動き、動きたくないなら動かない

余命1ヵ月になると、
運動をしないといけないというプレッシャーはよくないだろう。
動きたいなら動き、動きたくないなら動かないというのが正解だ。
無理に運動して延命を狙うより、身体の声に虚心坦懐に耳を傾けて
それに従ったほうがいい。

私は毎日筋トレとストレッチとウォーキングを日課にしているが、
1年間で5日間くらいは休む。
計画的に休んでいるわけではなく、
何となく「今日はどうしてもやりたくないな」と感じたら、
身体の気持ちを優先することにしているのだ。
熱っぽいとかそういうわけでもないのに、
妙に気が進まない日は運動しない。
それが自然の摂理に則っており、休むことでまた翌日以降やりたくなるからだ。

これは学生時代や会社勤めの頃も同じだった。
ズル休みというのは私にとって欠かせない貴重な存在であり、
ズル休みをするから翌日以降はやる気になる。
ズル休みをすることから逃げてはいけない。
ズル休みは立派な挑戦だ。
きっと、身心の修復作業を行ってくれているのだと思う。

17

眠ければ眠り、眠くなければ眠らない

熟睡の大切さは散々説いてきたが、それでも余命1ヵ月となれば話は別だ。

これもまた眠ければ眠り、眠くなければ眠らなければいい。

昼寝をしたければどんどん昼寝をすればいいだろう。


私は高校時代から会社勤めの頃まで昼寝がとにかく大好きで、暇さえあれば昼寝していたものだ。

ところが独立後には滅多に昼寝をしなくなった。

その理由を考えたところ、眠くなったら寝て、これ以上もう眠れないという状態で起きているから、昼寝や仮眠の類が一切不要になったのである。

とは言うものの、余命1ヵ月になれば思うようにまとめて熟睡できなくなる可能性は高い。

その場合には昼寝や仮眠は欠かせなくなるだろう。


そもそも眠い状態で何かをすることに何の意味があるのか。

何も意味がないはずだ。

退屈極まりない大学の講義は熟睡するためには最適の環境だったと言える。
反対に眠くもないのに無理に寝ても、せっかくの至福の瞬間が味わえない。
至福の瞬間を味わうためにも、眠くもないのに無理に寝るべきではないだろう。
死とは、昏々と永遠に眠り続けられることなのかもしれない。

18
自分の身体に敬意を払う

余命1ヵ月になると身体の変化も激しくなることが多い。
その際にあなただけはあなたの身体を見捨てないことだ。
仮に医療従事者や家族や親戚に顔をしかめられたとしても、である。

どんなに具合が悪くても、あなたの身体はあなたの存在そのものなのだ。
あなたがあなたの身体を愛さずに、一体誰が愛してやるのか。
誰も愛してやれないはずだ。
親友なんて1人もいなくてもいいが、
あなただけはあなたの親友でいてあげよう。
そしてその第一歩が、あなたの身体を慈しむことなのだ。
これまであなたを生かしてくれたのは、まぎれもなくあなたの身体なのだから。

たとえどんな病気になっても、高額民間療法に逃げないことだ。
医師国家試験を突破した医師以外にあなたの大切な身体を触れさせてはいけない。
最終的には医師にも決断をゆだねるべきではない。

あなたの身体はあなたが一番尊重すべきだ。
そのうえで医学を活かすのか、医学を放棄して自然治癒にゆだねるのかを決めよう。
まあ、仮に医学を活かしたとしても、結局のところ自然治癒にゆだねるのだが。
自然治癒力を極限まで高めるためには、自分の身体に敬意を払うことである。

19

苦痛から逃れるための医療はすべて使い倒す

余命1ヵ月になると、身体のあちこちが軋む。

もう死にたいと思うかもしれない。

だが、もう死にたいと思わなくてもどうせ死ぬのだ。

どうせ死ぬのであれば苦痛から逃れる方法を全部試せばいい。

苦痛から逃れるための医療はすべて使い倒すくらいの覚悟で生きるのだ。


たとえば実際に医師の中には「自分は抗癌剤治療だけはやらない」という人は少なくない。

患者には抗癌剤治療を散々やってきたのに、自分はやりたがらないのだ。

その種の人たちと大勢対話してきたが、基本的には癌を放置したままで、生活に支障をきたすほど腫瘍が大きくなれば、その部分だけ削っていた。

そして何年も、時には10年以上も生きてから、最期はモルヒネで逝くというパターンが多かったのだ。

あまり大きな声では言えないが、特に旧帝大系にその種の医者は多かった。

昔から医者の子どもが風邪をひいても風邪薬を飲まないのは気になっていたが、私は癌との向き合い方も医者の言っていることではなく、行動と習慣から教わった。

医学の祖であるヒポクラテスは次の2つの戒めを弟子の医師たちに遺している。

患者の身体にむやみに傷をつけないことと、自然治癒力を崇めること。

20

優雅に短編小説を書く

すでに長編小説を書くことをおススメしたが、1ヵ月もあれば短編小説を書ける。

もちろんあなたの自伝である私小説でいい（書きたければエンタメでもいい）。

過去の出来事でもいいだろう。

今の思いを綴るのもいいだろう。

これからの世界を語るのもいいだろう。

好きなように書けばいい。

そしてできればあなたの作品はインターネット上のＳＮＳなどで公開することだ。

したくないならしなくてもいいが、公開すればどこで誰の心を打つかわからない。

実際に私はその種の文章や動画を見て心打たれたことが何度もある。

仮にそれで終わったとしても私と同じように心打たれた人はたくさんいるから、もうそれだけでその人は大往生したと言えるのではないだろうか。


ひょっとしたら数十年後や数百年後に世界的に認められて、歴史に名を遺さないとも限らない。

いかがだろうか。
余命1ヵ月だからこそ、本気で人生を楽しめるという気持ちにならないだろうか。
最期のその瞬間まで小説を書くなんて、なんてロマンチックな人生だろう。
余命1ヵ月もそんなに悪くない。

最期まで失敗だらけの人生でもいい。
アダルトグッズの整理さえ失念しなければ。

Part.3

1週間後、人生が終わるとしたら

21

24時間×7日＝168時間と考えると意外に長い

「余命1週間」ということは、余命168時間ということだ。
「嫌だけど我慢して1時間勉強しなきゃ……」と思う1時間はとても長い。
最愛な人と語り合う1時間はとても短い。
アインシュタインが相対性理論で教えてくれたように、
時間は相対的なものであり1時間はゆがむのだ。
その1時間をどのように168回繰り返すかは、あなた次第である。

私なら半分は睡眠と身体を清潔に保つ時間にする。
それが自分の精神を最適に保つための投資だと考えるからだ。

睡眠と身体を清潔に保つ時間は断じて必要経費ではない。
残り半分の84時間で思考を巡らし、創作活動をするだろう。
創作活動に疲れたら思考する。
思考に疲れたら創作する。
ひたすらこの反復で最期を迎えたい。

今ふと気づかされたが、私の使命はきっと、この創作だったのだ。
仕事としてではなく、純粋に自分の使命だったのだ。
だから何があっても自然の摂理に身をゆだねていれば創作に導かれたのだろう。
「余命1週間」あれば、小品が遺せる。

22

最期に渾身の手紙を書くのもおしゃれ

1週間あれば、大切な人たちに向けて手紙を書き切ることができる。

別に切手を貼らなくてもいい。

場合によっては本人に届かなくてもいい。

とにかく**これまでを振り返って伝えたかったことを書き出すのだ。**

そうすることでその人のことをより深く愛せるようになる。

感謝できるようにもなる。

面と向かっては言えなかったことを文章にすると伝えやすい。

文章は素敵だ。


ただし、1つだけ注意点がある。

嫌いな人に恨みだけは書かないことだ。

あなたの最期の貴重な時間を、嫌いな人を思い出して穢（けが）してはいけない。

夏目漱石の『こころ』で自殺したKは遺書に先生への恨みを一切書いていなかったが、真っ先にそのことを確認した先生がとても小さく見えた。

あの刹那、先生は醜く、Ｋは美しかった。

あなたが「余命１週間」になったらぜひ堪能してもらいたい小説がある。
三浦哲郎の『メリー・ゴー・ラウンド』だ。
現時点で紙書籍は絶版になっているので
あらかじめ読めるように今から準備しておきたい。

23

身近で先立った人たちを想う

「余命1週間」になるとさすがに心細い。
あなただけではなくすべての人類が余命1週間になると心細くなる。
ただ、それを露骨に態度に示すか示さないかの違いだ。

どうしても耐え切れなくなったらこうしたらどうか。
身近で先立った人たちを想うのだ。
先立ったあの人たちも今の自分と同じ経験をしたのである。
これはまぎれもない事実だ。

「あのとき、もっと優しく接すればよかった……」
「あのとき、本当は好きだった……」

さまざまな想いがあなたの頭の中を駆け巡るだろう。
しかし、もうどうにもならない。
それもまた、人生の醍醐味なのだ。

あの人はあのとき、この孤独と向き合ったのだ。
あなたもこの孤独から逃げることはできない。
すべての人に与えられた死から逃げることはできない。
どんな臆病者でも最期に死というバンジージャンプを経験させられる。
だから、人生はすばらしい。

24

思い切り怒ってみる

余命1週間になったら、まだ体力のあるうちに怒ってみよう。
それも思い切り怒ってみよう。
誰かに怒りをぶちまけるのではない。
誰にも聞こえないように密室で叫んだり、心の中で叫んだりすればいいのだ。

怒りは健康に悪いと言われるが、もうこの時期にそんなことは気にしなくてもいい。
それよりも怒りをあえて爆発させることで、自分が生きている実感を味わうのだ。
「まだ自分はこんなに怒れるのか」と体感すれば、改めて生を感じられる。

これまで怒りをずっと堪えてきた人も、このときだけは遠慮をしないことだ。
人間らしく存分に怒り狂おう。
怒って、怒って、怒り狂おう。

怒りを堪えてきた人であれば怒り切ったあとに次の感覚に襲われるはずだ。
人は怒り切ると、哀しくなるのだ。

人は怒り切ると、切なくなるのだ。
それが生きるということである。
怒りは天が人の本能に授けたものだ、
だから怒りは極めて自然の摂理に則っている。
存分に怒ったことのない人生は、生きたことにならない。

25

思い切り泣いてみる

余命1週間になったら、まだ体力のあるうちに泣いてみよう。
それも思い切り泣きじゃくってみよう。
誰かに涙を見せつけるのではない。
誰にも見つからないように密室で号泣したり、心の中で号泣したりすればいいのだ。

みっともないかもしれないが、もうこの時期にそんなことは気にしなくてもいい。
それよりも涙を流し切ることで、自分が生きている実感を味わうのだ。
「まだ自分はこんなに涙が出るのか」と体感すれば、改めて生を感じられる。

これまで涙をずっと堪えてきた人も、このときだけは遠慮をしないことだ。
人間らしく存分に泣きまくろう。
泣いて、泣いて、泣きじゃくろう。

涙を堪えてきた人であれば
泣き切ったあとに次の感覚に襲われるはずだ。

人は泣き切ると、清々しくなるのだ。
人は泣き切ると、元気になるのだ。
それが生きるということである。
涙は天が人の本能に授けたものだ、
だから涙を流すという行為は極めて自然の摂理に則っている。
存分に泣いたことのない人生は、生きたことにならない。

26

思い切り笑ってみる

余命1週間になったら、まだ体力のあるうちに笑ってみよう。
それも思い切り笑ってみよう。
誰かに笑顔を見せつけるのではない。
誰にも見えないように密室で爆笑したり、心の中で爆笑したりすればいいのだ。

笑いは健康によいと言われるが、もうこの時期に健康のために笑っても仕方がない。
それよりもあえて爆笑することで、自分が生きている実感を味わうのだ。
「まだ自分はこんなに笑えるのか」と体感すれば、改めて生を感じられる。

これまで笑うのをずっと堪えてきた人も、このときだけは遠慮をしないことだ。
人間らしく存分に爆笑しよう。
笑って、笑って、笑いまくろう。

笑うのを堪えてきた人であれば
笑い切ったあとに次の感覚に襲われるはずだ。

人は笑い切ると、ヘトヘトになるのだ。
人は笑い切ると、空腹になるのだ。
それが生きるということである。
笑いは天が人の本能に授けたものだ、
だから笑いは極めて自然の摂理に則っている。
存分に笑ったことのない人生は、生きたことにならない。

27

思い切りくしゃみをしてみる

余命1週間になったら、まだ体力のあるうちにくしゃみをしておこう。
それも思い切りくしゃみをしてみよう。
ここぞとばかりに誰かに飛沫をぶちまけるのではない。
誰もいない場所で思い切りくしゃみをすればいいのだ。
くしゃみが出なければ、コショウを鼻に振りかけてもいい。

たとえ人工的にでもくしゃみをすることで、自分が生きている実感を味わうのだ。
「まだ自分はこんなにくしゃみができるのか」と体感すれば、
改めて生を感じられる。

これまでくしゃみをずっと堪えてきた人も、このときだけは遠慮をしないことだ。
人間らしく存分にくしゃみをしよう。
くしゃみをして、くしゃみをして、くしゃみしまくろう。

くしゃみを堪えてきた人であれば

くしゃみし切ったあとに次の感覚に襲われるはずだ。
人はくしゃみし切ると、嫌な思い出を忘れられるのだ。
人はくしゃみし切ると、小さなことにくよくよしなくなるのだ。
それが生きるということである。
くしゃみは天が人の本能に授けたものだ、
だからくしゃみは極めて自然の摂理に則っている。
存分にくしゃみをしたことのない人生は、生きたことにならない。

28 思い切りあくびをしてみる

余命1週間になったら、まだ体力のあるうちにあくびをしておこう。
それも思い切りあくびをしてみよう。
誰かの話を聴いている最中にこれ見よがしにあくびをするのではない。
誰にも見えないように密室であくびをすればいいのだ。
あくびは脳に酸素を供給するための生理現象だと言われており、どんどんすべきだ。
あくびをあえて連発させることで、自分が生きている実感を味わうのだ。
「まだ自分はこんなにあくびができるのか」と体感すれば、改めて生を感じられる。

これまであくびをずっと堪えてきた人も、このときだけは遠慮をしないことだ。
人間らしく存分にあくびをしよう。
あくびをして、あくびをして、あくびしまくろう。

あくびを堪えてきた人であれば
あくびし切ったあとに次の感覚に襲われるはずだ。
人はあくびし切ると、目が潤うのだ。

人はあくびし切ると、頭が冴えるのだ。
それが生きるということである。
あくびは天が人の本能に授けたものだ、
だからあくびは極めて自然の摂理に則っている。
存分にあくびをしたことのない人生は、生きたことにならない。

29

これまで愛した人たちの記憶を曜日ごとに反芻する

人は死に際に何を思い出すのか。

それは**最愛の人**である。

神風特攻隊の若者たちが最期に何を思い浮かべたのかを知覧に行って確認しよう。

何事も先人の知恵から学ぶのは大切なことだ。


最愛の人と言っても、1人には絞り切れないことがある。

それは必ずしもモテモテだったからという理由だけではない。

親に対する愛と、子に対する愛と、恋人に対する愛とでは異なるからだ。

だから「余命1週間」ではこれまで愛した7人の記憶を毎日1人ずつ、曜日ごとに、存分に反芻すればいい。

もちろん、たった1人の記憶を毎日反芻するのも素敵だ。

余命1週間ではない今から予行練習をしておくと、ハマる人もいるだろう。


恋と人生には共通点がある。

始まりはいつもわかりにくいということだ。

どれだけ考えても始まりはわからない。
始まりがわかるのはいつだって次の瞬間だ。
それは、終わったときである。
終わったとき、人は「ああ、あれが始まりだった」と明晰に気づかされるのだ。

30

優雅に掌編小説を書く

「余命1週間」あれば、掌編小説を書ける。

掌編小説とは、短編小説よりもさらに短い小説のことだ。

星新一のショートショートを想像してもらうといいだろう。

プロの書いた長編小説でもつまらない、もしくは自分には合わない作品がたくさんあるという人でも、プロの掌編小説は全部がおもしろい。

長編小説がフルマラソンだとすると、
掌編小説は100メートル競走のような感じだ。

フルマラソンは努力や工夫の余地がたくさんあるが、
100メートル競走は遅ければそれでおしまい。

もろにセンスが露呈するのが掌編小説なのだ。


そんな掌編小説を最期の1週間に書き上げるのはいかがだろう。

プロでもない人は巧く書こうなどと気負わないことだ。

それではストレスが溜まって健康に悪い。

今、自分が書きたいことから書けばいい。

今、自分が書けることから書けばいい。
ストーリーを一切排除して、クライマックスだけ書くのも立派な掌編小説だ。
書き始めたところがスタート。
力尽きたところがゴール。

始まりはそのときにはわからない。
始まりがわかるのは終わったときだけ。

Part.4

1日後、人生が終わるとしたら

31

60分×24時間＝1440分と考えると意外に長い

「1日」とはどんな長さなのだろうか。
時間に換算すると24時間、分に換算すると1440分である。
多くの人にとって1分間呼吸を止めるのは至難の業であるが、
それを1440回繰り返せると考えると意外に長い。
少なくとも私はいつもそう考えるようにしている。
そう考えると1分間に対して非常に感謝できるし、
1分あれば結構何でもできる気がするからだ。

余命1440分であったとしても、
私は半分を睡眠と身体を清潔に保つ時間に充てるだろう。
そうすることで残りの720分がより濃厚に過ごせると思うからだ。

あえて起きている時間を半分に縮めることによって、
死を先送りしないようにする。
むしろ先に熟睡しておきながら相対的に死を前倒ししたい。

死をどこか遠くにあるものではなく、すぐ目の前にあるものとして受容したいのだ。
それがこれまでの私が歩んできた人生の延長である。
これまで私はとにかく前倒しして生きてきた。
だから最期まで前倒ししたいと思う。

32

まず、今日も目が覚めたことに感謝しよう

余命1日の朝に目が覚めたら、まずはその事実に感謝することだ。
原則、これがあなたの人生で目覚めの最後になるのだから。

二度寝したければすればいい。
二度寝しようが三度寝しようが、もう誰にも咎（とが）められない。

他人事として見たり聞いたりしていた被死刑執行者の気持ちが
自分事としてわかるだろう。
罪を犯した者とそうでない者という決定的な違いはあるものの、
同じ人間であり、同じ死を迎えるのだ。
むしろ被死刑執行者たちのほうが自らの死をあらかじめ受容させられていた分、
ハイデガーが述べたように人生をちゃんと生きてきたのかもしれない。

人生は一日一生だと言われる。
毎日を一日一生だと考えて生きれば、目が覚めるたびに感謝できる。

むしろ感謝しかない。
私は毎日自分の目が覚めるたびに宝くじに当たったような気分になる。
大袈裟ではなく本当の話だ。
心の底からラッキーだと感じる。
「よし、今日も1日だけ生き切るぞ」と。

33

その日の太陽の南中を見上げると、「大いなる正午」ありき

できれば病室からでもいいから、最期に太陽の南中を見上げよう。
太陽の南中とは太陽が真南に位置する刹那のことだ。
つまり、その日で一番太陽が高くなる瞬間である。
雨天だとか曇りで太陽がよく見えなかったとしても、
それはそれでかまわない。

ゲーテが最期にそうしたように、
たとえわずかでも窓を開けて太陽の光を求めるのだ。
なぜならそこにはニーチェの『ツァラトゥストラ』の最後に登場する、
「大いなる正午」があるからである。

「大いなる正午」にはこれという正解はない。
ニーチェも模範解答を示していないのだ。
つまり、「大いなる正午」の解釈は個人にゆだねられている。

私の解釈はこうだ。

太陽の南中はすべての影を取り除いて明るみに曝け出す。
そこにはあらゆる常識や既成概念が通用しない混沌があるのみだ。
この世の本質は混沌であり、言語や科学理論などの秩序は我々人類が
自分たちの都合のいいようにでっち上げたフィクションにすぎない。
それでもあなたはふて腐れることなく最期まで生き切ろう。

34

「葬式は不要」とキッパリ伝える

最初にお断りしておくが、葬式は趣味であり道楽だ。

趣味や道楽は「やらなければならない」ものではなく、「やりたいからやる」ものである。

それを踏まえたうえで葬式をやるのは個人の自由だが、惰性だとか本当は面倒なのにやるのは愚の骨頂だ。


こんなことを述べると利害関係者たちが怒り心頭に発するだろう。

だが、このあたりでハッキリとさせるべきだ。

ただ何となく最期に数百万円を消費する葬式は不要ではないか。


私の大学時代の後輩に葬儀屋の息子がいた。

桁違いの仕送りをしてもらっていた彼があるときドヤ顔でこう言ったのを、私は今でも鮮明に憶えている。

「葬儀屋はぼろ儲けですよ。どんな貧乏人でも滅多に値切りませんからね」

ここで私は葬式の善悪を問いたいのではない。

本当はただ利害関係者たちから「葬式はやるのが常識」と洗脳されているだけなのに、自分で決めたと思い込むのは間違っているぞと警鐘を鳴らしたいのだ。

「葬式は不要」「墓も不要」とキッパリ伝えることで、遺族が内心どれだけ救われることだろう。

35
丁寧に、歯を磨く

今から歯を磨いても仕方がないと思うことなかれ。
最期の歯磨きは虫歯予防のために磨くのではない。
あくまでも自分の身体に対する敬意を具体的行動で示すのである。
それがちゃんと生きるということだからだ。

あなたの歯はあなたが物心つくよりも前からあなたを支えてきた。
つまり、歯はあなたよりも先輩である。
歯がなければあなたは今日まで生きてくることはできなかった。
少なくとも歯のおかげで健康でいられる期間は長かったはずだ。
そんな歯に敬意を込めて丁寧に磨くのだ。
この上なく丁寧に。

歯間ブラシも忘れないことだ。
うがいも丁寧にしよう。
愛用の口内洗浄液も。

死んだあとに口臭がきついと無様だ。
死んだら自分には関係ないという問題ではない。
死んで灰になって自然に還ってもあなたは生き続けるのだ。
あなたを知る人たちのすべての記憶の中で。

36

丁寧に、洗顔する

特に目やにの処理は丁寧に行いたい。
できれば自分で。
洗顔しながら自分の顔に感謝しよう。
これまでのあなたの人生すべてを前面で支えてくれたその顔に。
掌で丁寧に感じよう。
額、目の周囲、鼻、頬、顎を。
幼少の頃から今日まであなたの顔は人にどのような印象を与えてきたのだろう。

今さら反省しなくてもいい。
「よくやってくれたなぁ」と念じながら優しく、とても優しく撫でよう。
そして鏡に映ったあなたの顔にちゃんと正面から向き合うのだ。

自分であると同時に、自分とは別の「対象」としても向き合おう。
きっと、最期に見る対象としてのあなたはこれまでで一番立派なはずだ。
それもそのはず、本当に立派なのだから。

私は昔から洗顔が好きだった。
洗顔をするとスッキリして目が覚めるからだ。
顔は脳に近いからなのか、頭もクリアになる。
最期の自分とはクリアに向き合いたいものだ。

37

丁寧に、入浴する

最期だからこそ、清潔にしたい。

頭皮から足の指の先まで入念に洗いたい。

特に私は昔から足を洗うのが好きだった。

今でも好きだ。

足の指と指の間は神が宿ると思っており、ここを清潔に保っておくことが運をよくするコツだと信じてきた。

本当の話だ。

実際には何も因果関係はないのかもしれないが、
足を清潔にしておくことで得をしたことは多い。
いざとなったときにモノを言うのはお洒落の力ではなく裸の力だ。
その裸の力の中でも足の美しさはとても目立つ。

目立たないと思っているのは無関心な本人のみで、
ちゃんとした人は足を細部まで見ている。

何はともあれ、

足は文字通りあなたの身体をこれまでずっと支え続けてくれたはずだ。

本当にご苦労様である。

足に限らず、最期の入浴をしながら身体の各部位に心からお礼を言おう。

「今この瞬間があるのはあなたたちのおかげです」

38

丁寧に、爪を切る

身体は脳や心臓から離れるほど軽視されやすい。
その代表が指先であり、爪だろう。
ところが指先や爪はとてもよく目立つ。
人の性格や生き様を判断するのにも指先や爪はチェックされやすい。

だからと言って指先や爪だけを整えてもそれは手段と目的の逆転現象だが、
中身がちゃんとしている人こそ指先や爪を整えないともったいないという話だ。
ちゃんと生きた人ほど、爪は丁寧に切っておこう。
ただ、あまり丁寧すぎて深爪にならないように注意したい。

私の爪は常に短い。
それはこれまでの人生で膨大な数のセクシー男優たちから教わったことだ。
彼らから直伝されたわけではないが、動画を通して気づかされた。
セクシー男優は例外なく爪が短い。
中には爪がほとんどなくなってしまっている男優もいた。

それはもちろんセクシー女優の身体を傷つけないようにするためである。
ここまでは徹底しなくてもいいが、
自分がちゃんと納得できる爪にしておきたい。
もちろん、手の爪だけではなく足の爪も忘れずに切っておこう。
足の爪をきちんと切ると、どうしてあんなに気持ちがいいのだろうか。

39

丁寧に、顔を剃る

男女問わずおススメしたいのが、顔を剃る習慣だ。

本当にスッキリする。

私が通っている理容室には顔を剃るためだけに来店する女性もおり、とてもいいことだと思う。

顔を剃るとすぐに気づかされるが、顔がパッと明るくなるのだ。

それだけ顔には無数の毛が生えている証拠である。


顔を剃って顔が明るくなると、鏡に映った自分の顔に生命力が漲るだろう。

なぜなら、そこには明るくて瑞々しい顔が映っているからだ。

自分の顔に自信が持てると人は元気になる。

そのくらい顔を剃ることは有効なのだ。


私がこれまでに美容室には数えるほど（片手で足りるほど）しか行ったことがないのは、顔を剃ってもらえないからだ。

理容師には顔を剃る資格があっても、美容師には顔を剃る資格がない。

私にとっては流行の髪型にするよりも顔を剃るほうが何倍も大切だったので、
結果として理容室に通い続けてきた。
今では自分でも顔を剃ることにしている。
理容室に行くと剃るところがないと驚かれるくらいだ。

40 優雅に詩を書く

1日あれば誰でも詩を書ける。
俳句や川柳のような定型詩ではなく制限のない自由詩がおススメだが、
それはあなたが好きなほうを選べばいい。

定型詩の嗜みがある人は定型詩が向いているだろうし、
詩の嗜みがない人は自由詩のほうがいいだろう。
細かいルールなどはどうでもいいから思いついたことを綴ればよろしい。

宮沢賢治の『雨ニモマケズ』は彼が手帳に綴ったメモだった。
きっと、後世に遺すつもりで書いたわけではなかったのだろう。
そのメモが詩として高く評価され、彼の代表作の1つとなった。
ひょっとしたらあなたが綴った詩も高く評価されるかもしれない。
だが、そんなことはどうでもいいのだ。

ただ、あなたが綴りたいように綴ればいい。

上手に書こうとしないことだ。

肩の力を抜いて心から湧き出たものをそのまま綴るのだ。


文筆家として述べておくが、他人の心を打つ文章を狙ってはいけない。

素人がウケを狙った文章は白けるだけだ。

あなたの魂から滲み出た〝澱（よどみ）〟を不器用に表現すると、それが他人の心を打つのである。


一日は一生。

一生は一日。

Part.5

1時間後、人生が終わるとしたら

41

60秒×60分＝3600秒と考えると意外に長い

1時間は60分であり、60分は3600秒である。
私はこれまでに3600まで数を数えたことがない。
これまでの人生で最高で数え上げたのは200とか、500とか、
それくらいだと思う。
確か子どもの頃に父親と湯船に浸かって大きな声で競い合うように数えたが、
〝ゆでだこ〟になる直前でギブアップしたような気がする。
1000まで数え上げたことは一度もない。
きっと、これからもないだろう。

そう考えると、「余命1時間」とは「余命3600秒」であり、
これまで自力で数えたことのない時間がまだ残っていることになる。
随分と神様は余命をプレゼントしてくれたものだ。
たとえもう1時間もらえたとしても、どうせ同じことの繰り返しだ。
死の先送りは決断の先送りと同じで無意味なことである。
少なくとも私はそう思う。

虚心坦懐に3600秒という時間を考えてもらいたい。
その気になれば子作りもできる時間である。
あなたの遺伝子をこの世に遺せる可能性があるのだ。
この場合の〝子作り〟はもちろん比喩である。

42

ひょっとして、
この１時間のために
あなたの人生はあったのではないか

余命が1時間だと想像するとワクワクする。

少なくとも私の周囲で先立った人たちの1次情報だとか、医療機関で何千人、何万人もの最期を見送った人たちの肉声から判断するに、ラスト1時間でジタバタする人は少ないようだ。

それは自然の摂理が生命に授けた贈り物ではないだろうか。

きっと、我々は言葉や論理を超越して死が受容できるように、本能としてインプットされているのだ。


冒頭で私は余命がラスト1時間だと想像するとワクワクすると述べた。

そのときの私はきっと、こう思うからだ。


「ひょっとして、この1時間のために自分の人生はあったのではないか……」

もしそのときの私に思考できる頭があるのなら、このラスト1時間の思考がこれまでの人生の集大成だったのだと思う。

何を考えるのかはわからない。
なぜなら、まだそのときが来ていないからだ。
今から何を考えるのか、あるいは何を感じるのかを予想するのはナンセンスだろう。
このときばかりはぶっつけ本番の即興に限る。
もう誰の評価も気にしないで、ひたすら自分の思考を、恍惚としながら堪能したい。

43

本当に大切な人と過ごす

余命1時間くらいは本音で生きよう。
こんな貴重な時間に人から嫌われることを恐れるなんて、
神への冒涜以外何物でもない。
もっと、もっと、わがままになろう。

とりあえず本当に過ごしたい人以外は部屋から追い出せばいい。
きちんと「○○と2人きりにさせてくれ」「家族だけにさせてくれ」と伝えるのだ。
人生でここを決めなければ、ほかに何を決めるのか。
何も話す必要はないから、**本当に大切な人と静謐に過ごせばいい。**

あなたが天涯孤独だったとしよう。
その場合はあなた自身と過ごせばいい。
たとえ孤独死だとしても、それを恥じることは一切ない。
自分自身と向き合い、孤独な自分を誇りに思うことだ。
歴史と闘った英雄たちの最期は孤独だった。

ジャンヌ・ダルクやジョルダーノ・ブルーノは生きたまま焼かれたと言われるが、時空を超えて私は川に放り投げられた2人の遺灰の全粒子を愛している。

なぜなら、孤独な最期はあらゆる理屈を超越して人間の頂点の生き様だからだ。

孤独を恐れるような卑屈な最期だけは、何としても避けたい。

44

「孫には自分の死に様ではなく生き様を見せたい」という誇りは美しい

ある社長の父親が亡くなった際に、密室でこんな話を教えてくれた。

「うちの父は癌で死んだが、抗癌剤を投与してからは孫たちに絶対に会わなかった。あれだけ目に入れても痛くないと言っていた孫たちに一度も会いたがらなかった……」

私にはその気持ちがよくわかる。

きっとその社長の父親は誇り高く生きた人だったのだろう。

本当は死ぬほど孫に会いたかったに決まっている。

だが、私も同じ立場だったら必ずそうするだろうなと、一点の曇りもなく確信できた。

なぜなら、**孫には自分の死に様ではなく生き様を見せたいからだ。**

率直に申し上げて、死に様は醜い。

誰もが醜い。

少なくとも生きているときよりは醜くなるように自然の摂理でそう創られている。

そうでなければみんな早く死にたがるだろうから。


私は死後に美化される風潮が嫌いだ。

これは天才が死後になってようやく評価されるのとは違い、しがない凡人でも「いい人だったよね」と過大評価される風潮が嫌いなのだ。

そこには人間社会のいやらしい欺瞞（ぎまん）が満ち満ちている気がするから。

45
孤独死・突然死には、ピンピンコロリの高齢者が多い

この先どんどん日本は孤独死・突然死が増え続けるだろう。

それが超高齢社会の定めだから仕方がない。

そもそも介護施設に入りたがらないお年寄りが多い理由をご存知だろうか。
誰も本音を公開しないので私がここで披露しよう。
見えない場所で、バレないように、陰湿に、スタッフたちからいじめられるからだ。
これは病院でも同じで、一部の医師や看護師が完全犯罪でいじめ抜いて
合法的に殺されているお年寄りは多い。
いい加減、そんな実態くらい気づこう。

THE BLUE HEARTSが教えてくれている。

「弱い者達が夕暮れ さらに弱い者をたたく」

これが宇宙唯一のいじめの本質だ。

介護施設のスタッフや病院の看護師はまさに社会の弱者であり、
医師や厚生労働省の官僚には元いじめられっ子のガリベンが多い。

以上の心臓部分を踏まえなければ、孤独死・突然死は減らないだろう。
だって、お年寄りになってからいじめられるより、
孤独死・突然死を選ぶほうがずっと幸せな最期だからね。
孤独死・突然死はピンピンコロリだった幸せなお年寄りたちの象徴なのだ。

46

できれば、身体中の穴をスッキリさせておきたい

対面で仕事をする人であれば誰もが一度は経験したことがあるように、
相手の鼻毛が飛び出していると気になって仕方がない。
たとえ目の前の相手がどんなに高尚なことを言っていても、どんなに偉人でも、
いや、そうであればあるほど話に集中できなくなる。

翻(ひるがえ)って、あなたはどうだろうか。
実はあなたがそういう相手に遭遇する確率と、
あなたの鼻毛が飛び出している確率は同じだ。
少なくとも自分で強く意識していなければ年に何度かやらかしているだろう。
これは鼻毛に限らず、鼻の頭の汚れである〝いちご鼻〟や耳の穴、
さらには身体中の穴という穴すべてにおいて同じである。

私は出社前や商談前、講演の講師として人前で話す際には、
1時間前から身体中の穴をスッキリさせることに集中していた。
そうすることで**いざ出陣の際は勝負に集中できるからである。**

死を最期の出陣だと考えてみよう。
やっぱりきちんと死ぬことに集中したいではないか。
もし可能ならば、余命1時間で身体中の穴をスッキリさせておきたい。
それが身体に対する最期の恩返しのような気もするし。

47 ユーモアと感動は、その人の生命力の証

無理強いはしないが、余命1時間にはユーモアと感動を取り入れたい。
少なくとも私はそうしたいという話だ。

海外映画でお洒落だと思うのは、絶体絶命のときにユーモアを忘れない姿勢である。
私が特に好きなのはブルース・ウィリスやスティーヴン・セガールだ。
映画の中で彼らが切羽詰まったときのセリフがもうたまらない。
絶体絶命のピンチでユーモアあふれるセリフが言えると、
そこには感動が生まれる。

以上は人気の出るあらゆる映画や小説の1つのパターンなのだが、
どうやらフィクションだけに当てはまるものではないらしい。
オーストリアの精神科医だったヴィクトール・フランクルの『夜と霧』は有名だが、
そこには彼自身も体験したアウシュビッツの強制収容所の様子が
精緻に綴られている。
そこで奇跡の生還を果たした人たちの共通点が、まさにユーモアと感動だった。

人間は極限状態になると多くの人は顔が引きつって暗くなる。
そんな中、たとえ作り話でもいいからユーモアと感動を欠かさなかった人が高確率で生き残ったというのだ。

余命1時間くらいはあなたもヒーロー、ヒロインになってみないか。
どうせ人は絶対、必ず、100%いつか死ぬのだから。

48

死ぬ1時間前にやっていたことが、その人の使命である

これは意識していてもしていなくてもそうなのだが、
死ぬ1時間前にやっていたことはあなたの使命だ。

あなたが泣き叫んだらそれがあなたの使命。
あなたが怒り心頭に発したらそれがあなたの使命。
あなたがウダウダしていたらそれがあなたの使命。
あなたがクスクス笑っていたらそれがあなたの使命。
あなたがニコニコしていたらそれがあなたの使命。

ここで私は最期くらい無理に笑いましょうとあなたに強要したいのではない。
ここだけの話、無理に笑っても意味がない。
「笑うことで、幸せな感情はあとから生じるのだ」という自己啓発的な教訓も、
余命1時間ではこの際どうでもいい。
笑いたい人だけが笑えばいいし、怒りたい人は無理をしないで怒ればいいのだ。
今さらどうにもならない。

ただ、もしあなたがラスト1時間で笑っていたければ
今からそのように生きて準備しておくしかないだろう。
本書を本当に余命1時間で読んでいる人はまずいないと思うし。
どうあがいても死ぬ1時間前、そこにあなたの使命は必ず露呈する。

49
最期に堪能したい音楽をセレクトしておくといい

あなたにも胸がキュンとする音楽があるだろう。
多くの人はそれが多感な10代の頃に聴いた流行歌だったりする。
きっとその頃が最も生命力があふれていたのであり、
人はそれを反復しながら歳を重ねているのだ。
つまり**10代の繰り返しが人生なのである。**

21歳も31歳も41歳も51歳も61歳も71歳もすべて11歳だ。
29歳も39歳も49歳も59歳も69歳も79歳もすべて19歳だ。

ここだけの話、自分の親の年齢になると誰もが気づかされることがあって、
それは**「歳を重ねても人は本質的に何も変わらないな」**という事実である。
換言すれば、親はうまく大人のふりをしていたものだと感心させられるのだ。

それはさておき、あなたが最期に堪能したい音楽を今からセレクトしておこう。
死に際に好きな音楽を聴きながら逝きたいという人はとても多いから。

あなたが知らないまま死んでしまうともったいないと感じる音楽を１つ紹介しておく。

紹介した音楽を聴いて変更する必要は毛頭ないが、幅を広げるきっかけにはなるはずだ。

フォーレの《エレジー》をジャクリーヌ・デュ・プレの演奏で味わってみよう。

ヨーヨー・マの演奏も天下一品だが、この曲に関してはデュ・プレを推したい。

彼女の生涯を知れば、聡明なあなたにはその理由がわかってもらえると思う。

50

優雅に墓碑銘を決める

余命1時間には墓碑銘を決めたい。
あらかじめいくつか選んでおいた中から決断をするのだ。
とっても優雅な時間が過ごせると思う。

墓が不要なら刻む必要はない。
ただ、何らかの形で遺しておくのは素敵だと思う。
たとえばインターネット上のＳＮＳで最期のメッセージを遺すとか。
その種の人は増えているが、そのたびにすばらしい時代になったものだと感じる。

私の墓碑銘は脱サラ直後に一瞬で決めたものだ。
それは
～タブーへの挑戦で、次代を創る～
である。
本当に一瞬で私の頭に降りてきた。
あれは啓示だったのではないかと今では思っているし、

間違いなく私の使命となった。

私がラスト1時間でやるとすれば、自分はこの使命に対してどのくらい役割を果たすことができたのかをのんびりと優雅に回顧したい。

後悔がないとは言い切れないが、今のところ結構いい感じではないかと自負、というか感謝している。

この場を借りて、本当に粋な使命を授かったことに感謝したい。


3600秒は必要にして十分な時間だ。自分〝ならでは〟の優雅な最期を堪能せよ。

Part.6

1分後、人生が終わるとしたら

51/

地球の歴史を24時間に例えると、ヒトの歴史は1分に満たない

宇宙の歴史は138億年、地球の歴史は46億年と言われている。

諸説あるものの、石器を使いこなし「器用な人」を意味する最も初期のヒト族（ホモ・ハビリス）が約200万年前に誕生したらしいから、
地球の歴史を24時間に例えると、ヒトの歴史は1分に満たない。

さらに宇宙の歴史を24時間に例えると、ヒトの歴史は十数秒ほどだ。

いかがだろうか。

いかに宇宙や地球のスケールが壮大で、我々人類がちっぽけな存在なのかがこれで再認識できたのではないだろうか。


宇宙や地球のスケールで考えると、人類は何もかもがあまりにも小さい。

人間1人の人生など刹那である。

これが現実なのだ。


刹那である私たちの人生は宇宙にとってはどうでもいい存在だ。

壮大な宇宙からすれば、塵と人間の差異なんてどこにもないだろう。

そう考えると私たちは生きているのではなく、
生かされているのだと気づかされる。
刹那の人生を授かったことに感謝しつつ、
自然界に畏敬の念を抱きたい。

52

最期に自分の心臓の鼓動をちゃんと感じてみる

心拍数は同じ人でも体調や時間帯によって差はあるし、個人によっても異なるが、概して1分間に約60回と言われている。

つまり、1秒に1回だ。

哺乳類は一生で約20億回の脈を打つと言われているが、最期の60回を静かに感じていたい。

この瞬間ほど生命の尊さを感じることはないだろうし、生きる悦びを噛み締めることもないだろう。


瞑想というほどではないが、私は毎日床に就いた瞬間、両手をお腹の上で組む。

これは物心ついてからずっとそうだった。

真っ暗闇の中で暖かい布団に入り、その幸せをふんだんに享受しながら、呼吸と心臓の鼓動を感じることにしている。

呼吸を整えようとか、心臓の鼓動を数えるわけではない。

ただ、ひたすら感じるだけだ。

「生きているってすごいなー」としみじみと思いながら次第に意識が遠のくのだが、
きっと私のラスト１分もこれと同じなのだろう。
最期に心臓の鼓動という自分の生命をちゃんと感じることで、
口角がほのかに上がって死ねるのではないだろうか。

53

人は最期にのどが渇く

これまで身近で何人もの死を目の当たりにしてきたが、人は最期にのどが渇くことが多いようだ。

死に際にシャーベット系のサッパリしたアイスクリームや冷水を求めることが多く、きっと生命と水の関係が切っても切れないことと無関係ではないだろう。

多くの場合、死の数日前から頻繁にほしがる水分が決まってくるようだ。

ある人は冷水。

ある人はガリガリ君。

ある人はワイン。

その人が最期に何を求めるのかというのは、その人らしいと言えばその人らしい。

最期に分厚いステーキを食べたいとか、濃厚なラーメンを食べたいという話を少なくとも私はこれまでに聞いたことがないことを考えると、**最期に人はシンプルかつ本当に好きだったものを求めるのだろう。**

身内の1人の最期が印象的だったので紹介しよう。

彼は53歳で亡くなったが最期にこう言った。

「水をくれ」

小さなコップでそれを飲み干した直後、コクンと頷(うなず)いてそのまま逝った。

掛け値なしで、男前だった。

54

「色即是空、空即是色」は科学的に正しい

色即是空とは、物質には実体がないという意味だ。
空即是色とは、実体がないということが物質であるという意味だ。
普通に考えると何を言っているのかわからないだろう。
だが、これは詭弁でもなければ言葉遊びでもない。
科学的にも正しいのである。

私たちが理科の授業で習った原子核と電子を思い出してもらいたい。
原子核の周囲に電子が飛び回って1つの原子ができていたはずだ。
一応、それが正しいということに科学的にもなっている。
ところが、次の事実もわかっており謎が多いのだ。

原子の大きさは100億分の1メートルと言われており、
さらにその10万分の1が原子核の大きさだと言われている。
仮に東京駅に直径1メートルのバランスボールを置いてそれが原子核だとすると、
米粒よりも小さなビーズが電子として甲府や宇都宮付近を飛び回っているのだ。

そう考えると原子核と電子の間はスカスカ状態となり、何もないのと同じである。

以上のことから物質には実体がなく、実体がないということが物質だと証明された。現に森羅万象はこのスカスカ状態の原子から成り立っているのだから。

あなたも私もあの人も実はスカスカなのだから、ラスト1分もスカスカなのだ。

55

般若心経262文字の最後は、「彼岸へ往けばそれが悟りだ。Good luck!」

般若心経とは、般若経のエッセンスである。
般若経はもともと６００巻以上にわたる経典であり、
誰にでも読破できるわけではない。
そこで親切で頭のいい人（作者不明）が、たったの２６２文字に凝縮してくれたのだ。
これは実にありがたい。
奇跡と言ってもいい。
その２６２文字の中でも聞き覚えのあるラストがこうなっている。

「波羅羯諦（はらぎゃてい）　波羅僧羯諦（はらそうぎゃてい）　菩提薩婆訶（ぼじそわか）」

実はこれに対する正確な訳はないようで、意味は大して重要ではない。
おまじないや呪文のようなもので、ただ声に出して唱えることに価値があるようだ。
それは理屈を重んじる西洋哲学とは対極の東洋哲学らしさとも言える。
東洋哲学は理屈ではなく自らが体感すること自体に重きを置いているからだ。
では、あえて訳すとどうなるのか。

「あとは死ねばすべてわかるよ」

となる。

それでは味気ないという人には

「彼岸へ往けばそれが悟りだ。Ｇｏｏｄ ｌｕｃｋ！」でどうか。

要は、誰も死を経験したことがないから死なないことにはわからないのである。

ラスト1分は、初体験にドキドキしよう。

56

心細くなってもいいじゃないか、人間だもの

書家で有名な相田みつをという人を知っているだろうか。
私は彼の独特な筆致が好きで、彼の真似をしてハガキを書き始めた。
彼の本に出逢ったのは大学生の頃だったが、手書きの虜になったものだ。
下手でもいいから温もりのある手書きが尊いと直感した。
それ以来暇さえあればせっせとお礼のハガキを投函し続けてきたが、
それが実力以上に私が評価を受けた理由の1つだと思っている。
こうして本を書いていられるのもハガキの効果だった。

そんな相田みつをで最も有名なのが「にんげんだもの」という名言だろう。
このたった7文字は実にシンプルで深い。

失敗したっていいじゃないか、人間だもの。
失恋したっていいじゃないか、人間だもの。
病気になったっていいじゃないか、人間だもの。
投獄されたっていいじゃないか、人間だもの。

夜逃げしたっていいじゃないか、人間だもの。

まさに、万能である。

ラスト1分に心細くなってもいいじゃないか、人間だもの。

私だって、本当は、心細いよ。

57

自分が死んだあとのことは考えなくてもいい

ラスト1分というのはもう実際にはほぼ何もできない。

アクション映画でどちらの配線を切ったら助かるのかという決断を迫られる時間、まさにあれがラスト1分と考えていい。

アクション映画と違うのは、あなたにはこの先確実に死が待っているということだ。


私は以前から思っていることがある。

もし私が映画監督になったら、あのような究極のシーンではそのまま爆発してしまう作品を創ってみたい。

オチは何も考えていないが、とにかくそういうタブーに挑戦してみたいのだ。

さて、あなたの人生もいよいよラスト1分である。
アダルトグッズはきちんと整理したし、
エッチなサイトのお気に入りＵＲＬも削除した。
うん、間違いない。
だったら、もう思い残すことなんて何もないはずだ。

自分が死んだあとのことは考えなくてもいい。
ただ、死ぬことだけに専念して生を全うするのみだ。
だって、これまでにどんな臆病者だって死からは逃げなかったのだよ。
逃げられなかったのだよ。
これからはもう何も心配しなくてもいいのだ。

58

もし死後の世界があれば、ラッキー。また楽しめるから

私は時々考える。
もし死後の世界があれば、それはラッキーだと。
なぜなら、また人生が楽しめるからだ。

人生とは配られたカード（遺伝子）に対して文句を言わず（言わせてもらえず）、
いかにして楽しむかのゲームである。

一般に悪い頭はよくならないし、遅い足も速くならない。
蛙の子は蛙（実はオタマジャクシ）。
鳶が鷹を生むこともない。
瓜の蔓に茄子はならぬ。

だけど、悪い頭でも勝てる方法は必ずあるし、足が遅くても幸せにはなれる。
だから私は次にどんなカードを配られても勝てるように楽しみたいのだ。

実際に勝てるかどうかはわからないが、プロセスを存分に楽しみたい。

死んだ瞬間に幽体離脱して、自分の亡骸を見下ろせるというあのシーンが本当だったとわかったら、私は小躍りするだろう。


死者に直接インタビューした人がいない以上、死後の世界があるかどうかはわからない。

だけど、もしあったらあったでラッキーではないか。

そう信じられる人は、死もそんなに怖くはなくなるし。

59

もし死後の世界がなければ、それもまたラッキー。悪事がバレないから

私は時々考える。
もし死後の世界がなければ、それもまたラッキーだと。
なぜなら、私の悪事がバレないからだ。

ここだけの話、本当に内緒にしておいてもらいたいのだが、
もし死後の世界があったら私には天国に行ける自信がない。
こんなこともしたし、あんなこともした。
いやそれよりもっと最低なこともしてきた。
ちょっと思い出すだけでどの角度から見ても地獄行き確定だ。

真偽は定かではないが、イエス・キリストはこう言ったらしい。

「富者が天国に行くよりも、ラクダが針の穴を通るほうがまだ易しい」

富者でさえ天国に行くのがそんなにも難しいのであれば、

私が天国に行くのはどう考えても不可能だ。
そのくらいこれまでの人生で悪事を働いてきたと思っている。
もちろんこう書くことでそれが懺悔になり、
天国に滑り込ませてもらえるのではないか、
という何ともせこい下心があるのも認めよう。

そんな私だから、死後の世界は信じないことにしている。
正直、もし死後の世界があったら「アチャー」と思う。

60

優雅に思い出し笑いをする

私ならラスト1分は目を瞑(つぶ)る。
最期は視覚よりも想像を味わいたいからだ。
特に力むわけではないが、きっと何かを思い出して微笑むだろう。

正直、嫌なこともたくさんあった。
いや、人生は9割が嫌なことばかりだろう。
9割の嫌なことの中に1割の小さな幸せがあるから生きていられるのだ。

基本的に人生はつらいのがスタンダードである。
嫌なこともラスト1分となってはきっと笑い話にできるだろう。
その嫌なことに関わった人はもう先に死んでいるかもしれないし、
まだ生きていたとしてもこの先いずれ確実に死ぬからだ。
こんなに笑えることがあるだろうか。
あるはずがない。

1割の小さな幸せが頭をよぎったら、それはそれでラッキーだ。
なぜならそれはあなたが心から幸せに感じたことなのだから、
あるがままに身をゆだねればいいからである。

私は自分のラスト1分の書き出しはもう決めている。
「とにかくいろんなことがあった」

とにかくいろんなことがあった。
でも、何だかんだ言って楽しかった。

Part.7

1秒後、人生が終わるとしたら

61

地球の歴史を24時間に例えると、キリスト誕生から現在まで1秒に満たない

地球の歴史を24時間に例えるとヒトの歴史は1分に満たない、という話はすでに述べた。

さらにキリスト誕生から現在までの約2000年は1秒に満たない（厳密には0・04秒にすら満たない）。

同様に人の一生を約80年として一応計算してみると、0・001秒と少しくらいになる。

まさに電光石火のごとく我々の人生は終わるのだ。


どんなに泣き喚（わめ）いても電光石火。

どんなに笑い転げても電光石火。

どんなに悪いことをしても電光石火。

どんなに偉業を成し遂げても電光石火。

ここに議論の余地はない。


地球はいずれ滅ぶ。

太陽はいずれ滅ぶ。
銀河系はいずれ滅ぶ。
宇宙はいずれ滅ぶ。
だったら、あなたも私もあの人もいずれ滅ぶ。

62

死ぬということは、眠るということだ

老年医学を専門としてきた臨床医たちの意見を集約するとこうなる。

「死ぬということは、眠るということだ」

フィクションではしばしば死に際に苦しむ姿を見せられることも多いが、
実際には違うようだ。
人は誰もがスゥーッと眠るように逝く。
仮に血を吐いて身体が激しく暴れていたとしても、
逝く刹那はもう苦しみを感じていないとのことだ。

身体が痛みを感じるということはまだ助かる見込みがある証拠である。
だから身体は「何とかしてくれ!」「何とかしなければ!」と
躍起になって激痛を走らせるのだ。
身体が逝く体制に入ったらもう痛みはなく、あとは快適に眠るだけである。

以下は私のフィクションだ。
どうかくつろいで読んでもらいたい。

死ぬ刹那がこんなに心地いいなんて。
これまで散々熟睡してきたけれど、
こんな快感を味わったことがないな。
もう、思い残すことは何もない。

63

生きている間は死なないし、死んだらもう何もないから心配無用

私が好きな哲学者の1人にエピクロスがいる。

古代ギリシアでソクラテスの弟子がプラトン、プラトンの弟子がアリストテレスという話は有名だが、そのアリストテレスの次の世代に活躍した人物だ。

快楽主義で知られる彼は、決して贅沢三昧を推奨していたわけではない。

当時流行っていた過剰な禁欲を通して真理を追究しようとする思想に異を唱えて、現代のように健康で文化的な最低限度の生活の確保を提唱したのだ。

彼は人類や生命を心から愛した哲学者だった。

そのため多くの人に愛されて論敵すらも包み込んでいたという記録が残っている。


私が彼を好きな理由はそれだけではない。

彼が死についてこう語っているのに魅了されたのである。


「人は生きている間は死なない。死んだらもう人としてこの世に存在しない。

つまり、死んでも生きていても、死は私たちに何も関係ない。心配無用」

彼は「考えても仕方がないことは考えない」と教えてくれているのだ。

人は考えても仕方がないことを考えることで不安や悩みが生じる。

だったら、その根源を断ち切ればいいということだ。

これはハイデガーの「死を受容してから人生が始まる」という哲学と矛盾しない。

考えても仕方がないことは考えないからこそ、死を受容できるのだから。

64

ニーチェの「永劫回帰」というフィクションは壮大でロマンチックだ

永劫回帰とは、同じことの繰り返しのことである。
未来永劫ひたすら同じことが繰り返されるのが人生だとニーチェは説いた。
彼自身はこの永劫回帰を便宜上のフィクションだと断っており、
超人思想のための手段として用いている。
ニーチェは「超人とはこうですよ」とは具体的に定義していないが、
「どんなに虚しくてもへこたれずに生きる人」のことであろう。
人生は虚しいとも彼は述べているのだ。

なぜ人生は虚しいのか。
それはこの宇宙そのものが永劫回帰、つまり同じことの繰り返しだからだ。
畢竟（ひっきょう）、この世の森羅万象はすべて粒子からできている。

あなたも私もあの人も、ペットの犬や野生のライオンも、
富士山や大海も、地球や月も、さらに夜空に燦々（さんさん）と輝くすべての恒星も、
究極は粒子の組み合わせにすぎない。

それら粒子がぶつかり合ったりくっついたりしながら、森羅万象は創られている。

宇宙に散在する粒子の配列が完全に一致する瞬間が、この先何兆年後か何京年後か、さらにその何兆乗や何京乗した頃になるかわからないが、きっと到来するだろう。

宇宙も地球も人類も再現され続けるという壮大かつロマンチックなフィクションだ。

あなたの脳のシナプスが同じ状態になったとき、またこれを読んでいることだろう。

65 親鸞の「他力本願」は救われる

他力本願を間違って使っている人は多い。

これまで私が出逢ってきた人たちの8割以上がこう解釈していた。

「自分では何もせずに他人に頼ってばかりいること」

ひょっとしたらあと何年かすると多数決でこの間違いが正解とされるかもしれない。


浄土真宗の開祖である親鸞が述べた本来の他力本願の意味はこうだ。

「世の中にはどんなに努力しても、修行しても、絶対に変われない悪人がいる。
家族のために盗みをしなければならないこともあるし、
殺さなければ自分が殺されてしまうこともある。
そんなやむを得ない事情で悪人と呼ばれる人々はどうすれば救われるのか。
ただ、南無阿弥陀仏と唱えればいいのだ。南無とは帰依すること。
つまり、自力では限界がありますので阿弥陀様にお任せします、ということだ。
自力で何とかなると考えている傲慢な善人たちよりも、
自分の限界を認めて頭を下げる謙虚な悪人のほうが、

言うまでもなく極楽浄土に行けるのだ」

いかがだろうか。
あなたはよく生きた。
もう、あるがままに身をゆだねて自然の摂理に任せればいい。

66

カントの最期の言葉は「うまい!」だった

デカルトと並ぶ天才哲学者にカントがいる。

主に18世紀にドイツで活躍した世紀の天才と呼ばれた人物だ。

生涯独身を貫き、とても規則正しい生活をしていたことでも有名で、近所の人たちは彼が散歩する姿を見て時計の時間を合わせたという。

カントが姿を見せない日には、近所の人たちが「先生に何かあったのでは……」と心配したくらいだ。


ある日教育学の世界で名著とされるルソーの『エミール』につい没頭してしまい、散歩の時間を過ぎてしまったという逸話もある。

彼の偉業は人類の理性や知性の限界を仕切り直したことだ。


「人類は何を知り得るか」

「人類は何を為すべきか」

「人類は何を望んでもいいのか」

を徹底的に吟味した三大批判書は、

入門書や漫画でもいいから一読をおススメする。


彼は自分に厳しくもあり規律に忠実に生きた人だったが、同時に愛の人でもあった。

『永遠平和のために』という後の国際連盟の下敷きとなる著作も遺している。


そんな知の巨人だったカントも晩年は重度の認知症になった。

理性について考え抜いた彼が理性を失ってしまうとは皮肉なことだ。

彼の最期の言葉「Es ist gut.」は「すべてよし」と訳されていることが多い。

最期に水で薄めたワインを口にしたという彼は、
本当は「うまい！」と言ったのだろう。

67
マリー・アントワネットの最期の言葉は「ごめんあそばせ」だった

今でもフランスでは悪女扱いされるマリー・アントワネットだが、
私は彼女が好きだ。
それは**最期まで貴族だったからである。**
彼女の処刑をひと目見ようとニヤニヤしながら集まってきた野次馬たちは醜いが、
彼女の死に様は美しい。
とにかく美しい。

諸説あるものの、私が大学時代に一般教養の講義で聴いた説によると、
ルソーの『告白』の中に「パンがなければお菓子を食べればいい」といった
ニュアンスの表現が書かれており、それがあたかもマリー・アントワネットの
言葉のように捏造（ねつぞう）されたのである。
フランス革命で大衆を扇動するための手段として。

彼女の最期の言葉とされているのは「ごめんあそばせ」だ。
今から断頭台に向かおうとするまさにそのとき、

彼女は死刑執行人の1人の足を踏んでしまった。
その際、とっさに彼女の口から出てきた言葉なのだ。
これは真似をしたくても真似ができるものではないだろう。
ただ、善悪を超越して私は彼女が美しいと思うだけである。

68

ゲーテの最期の言葉は「少し窓を開けて光を入れてくれないか？」だった

孫ほどの若い女性に失恋をしたと言われる恋多きゲーテだったが、彼の遺した実績を考えればそれもわかる気がする。

ナポレオンも彼のファンであり、戦場まで『若きウェルテルの悩み』を持参していたという。


ゲーテは文豪として有名だが、実は法律家でもあり政治家でもあった。

ワイマール公国の宰相も務めており社会的地位も高かったのだ。

さらに自然科学者としてもニュートンの学説に異を唱えていたくらいである。

そんな才気あふれるゲーテにナポレオンが魅かれるのも頷けるというものだ。


どんなに天才でも寿命には勝てない。

それが自然の摂理であり、抗うことはできないのだ。

1人で何人分もの才能を授かったゲーテは82歳で天寿を全うするまでの約9年間、弟子のエッカーマンにありったけの知恵を注いで、我々人類に偉大な叡智を遺した。

光の研究にも没頭していた彼の口から自然に出たと思われる最期の言葉は、

「少し窓を開けて光を入れてくれないか？」だったという。
やはり、生粋の文豪だった。
そう言えば「この世は愛と光からできている」が口癖だった大富豪もいたな。
ゲーテこそ、愛と光に生きた人物だった。

69

最愛の人を想う

20世紀を代表する哲学者だったハイデガーには愛人がいた。
17歳年下のハンナ・アーレントだ。
恋が始まったとき、ハイデガーは大学教授、アーレントは学生だった。
ハイデガーはアーレント以外にも愛人がおり、モテモテだったようだ。

その理由の1つに彼の強烈なカリスマ性があった。
訥弁（とつべん）だった師のフッサールと違い、饒舌（じょうぜつ）だったハイデガーは神がかった講義で
聴く者たちを心酔させたという。
中には彼の謎めいた独特の話術のせいで精神を病み、
自殺してしまった女学生もいた。
そんな彼に惚れ込んでしまった1人がハンナ・アーレントなのだ。

誤解してもらいたくないが、チャーミングだった彼女は性の対象として
弄（もてあそ）ばれただけの女性ではない。
学者としても超一流の実績を遺しており、

『全体主義の起源』『人間の条件』は有名だし、
『エルサレムのアイヒマン——悪の陳腐さについての報告』という傍聴記録は
現在も人類の歴史に影響を与え続けている。
ここだけの話、ハイデガーよりも優秀だったと私は密かに思っているくらいだ。

聡明な彼女はハイデガーよりも半年ほど先に逝き、
死の間際、彼を想ったに違いない。

70

畢竟、誕生と死は同じである

結局のところ、生きることと死ぬことは同じだと思う。
生きるということは死ぬことであり、
死ぬということは生きるということだ。

たとえば個人差はあるだろうが、
生命が宿り始めてこの世にホギャーと生まれるまで、「十月十日」と言われる。
それと同時期に地球のどこかで誰かが死んで、誰かが忘れ去られる。
人が死んでから「あの人はもう死んだ」と知人たちに認知されるまでにかかるのが、
ちょうど「十月十日」なのだ。
誰かが十月十日で生まれ、誰かが十月十日で死ぬ。
この繰り返しで人類は成り立っているのだ。

ここまで本書を読んできたあなたになら伝わると思うが、
死ぬということは「次の命に道を譲りなさい」という自然の摂理である。
頑張って踏ん張ると、次の命が滞って循環しなくなってしまうのだ。

意識していようが、意識していまいが、あなただって誰かの死のおかげで今この瞬間まで生きてきたのである。

牛や豚や魚だって、米や小麦や豆だって、あなたに命を捧げ続けてくれたのだ。

ちゃんと生きたら、ちゃんと死のうではないか。

ちゃんと生きて、
ちゃんと死のう。

千田琢哉著作リスト（2023年3月現在）

〈アイバス出版〉
『一生トップで駆け抜けつづけるために20代で身につけたい勉強の技法』
『一生イノベーションを起こしつづけるビジネスパーソンになるために20代で身につけたい読書の技法』
『1日に10冊の本を読み3日で1冊の本を書く ボクのインプット＆アウトプット法』
『お金の9割は意欲とセンスだ』

〈あさ出版〉
『この悲惨な世の中でくじけないために20代で大切にしたい80のこと』
『30代で逆転する人、失速する人』
『君にはもうそんなことをしている時間は残されていない』
『あの人と一緒にいられる時間はもうそんなに長くない』
『印税で1億円稼ぐ』
『年収1,000万円に届く人、届かない人、超える人』
『いつだってマンガが人生の教科書だった』
『君が思うより人生は短い』

〈朝日新聞出版〉
『人生は「童話」に学べ』

〈海竜社〉
『本音でシンプルに生きる!』
『誰よりもたくさん挑み、誰よりもたくさん負けろ!』
『一流の人生　人間性は仕事で磨け!』
『大好きなことで、食べていく方法を教えよう。』

〈Gakken〉
『たった2分で凹みから立ち直る本』
『たった2分で、決断できる。』
『たった2分で、やる気を上げる本。』
『たった2分で、道は開ける。』
『たった2分で、自分を変える本。』
『たった2分で、自分を磨く。』
『たった2分で、夢を叶える本。』
『たった2分で、怒りを乗り越える本。』
『たった2分で、自信を手に入れる本。』
『私たちの人生の目的は終わりなき成長である』
『たった2分で、勇気を取り戻す本。』
『今日が、人生最後の日だったら。』
『たった2分で、自分を超える本。』
『現状を破壊するには、「ぬるま湯」を飛び出さなければならない。』

『人生の勝負は、朝で決まる。』

『集中力を磨くと、人生に何が起こるのか？』

『大切なことは、「好き嫌い」で決めろ!』

『20代で身につけるべき「本当の教養」を教えよう。』

『残業ゼロで年収を上げたければ、まず「住むところ」を変えろ!』

『20代で知っておくべき「歴史の使い方」を教えよう。』

『「仕事が速い」から早く帰れるのではない。「早く帰る」から仕事が速くなるのだ。』

『20代で人生が開ける「最高の語彙力」を教えよう。』

『成功者を奮い立たせた本気の言葉』

『生き残るための、独学。』

『人生を変える、お金の使い方。』

『「無敵」のメンタル』

『根拠なき自信があふれ出す!「自己肯定感」が上がる100の言葉』

『いつまでも変われないのは、あなたが自分の「無知」を認めないからだ。』

『人生を切り拓く100の習慣』

【マンガ版】『人生の勝負は、朝で決まる。』

『どんな時代にも通用する「本物の努力」を教えよう。』

『「勉強」を「お金」に変える最強の法則50』

『決定版　人生を変える、お金の使い方。』


〈KADOKAWA〉

『君の眠れる才能を呼び覚ます50の習慣』

『戦う君と読む33の言葉』


〈かや書房〉

『人生を大きく切り拓くチャンスに気がつく生き方』

『成功者は「今を生きる思考」をマスターしている』


〈かんき出版〉

『死ぬまで仕事に困らないために20代で出逢っておきたい100の言葉』

『人生を最高に楽しむために20代で使ってはいけない100の言葉』

『20代で群れから抜け出すために顰蹙を買っても口にしておきたい100の言葉』

『20代の心構えが奇跡を生む【CD付き】』


〈きこ書房〉

『20代で伸びる人、沈む人』

『伸びる30代は、20代の頃より叱られる』

『仕事で悩んでいるあなたへ　経営コンサルタントから50の回答』


〈技術評論社〉

『顧客が倍増する魔法のハガキ術』

〈KKベストセラーズ〉

『20代　仕事に躓いた時に読む本』

『チャンスを掴める人はここが違う』


〈廣済堂出版〉

『はじめて部下ができたときに読む本』

『「今」を変えるためにできること』

『「特別な人」と出逢うために』

『「不自由」からの脱出』

『もし君が、そのことについて悩んでいるのなら』

『その「ひと言」は、言ってはいけない』

『稼ぐ男の身のまわり』

『「振り回されない」ための60の方法』

『お金の法則』

『成功する人は、なぜ「自分が好き」なのか？』


〈実務教育出版〉

『ヒツジで終わる習慣、ライオンに変わる決断』


〈秀和システム〉

『将来の希望ゼロでもチカラがみなぎってくる63の気づき』


〈祥伝社〉

『「自分の名前」で勝負する方法を教えよう。』


〈新日本保険新聞社〉

『勝つ保険代理店は、ここが違う！』


〈すばる舎〉

『今から、ふたりで「5年後のキミ」について話をしよう。』

『「どうせ変われない」とあなたが思うのは、「ありのままの自分」を受け容れたくないからだ』


〈星海社〉

『「やめること」からはじめなさい』

『「あたりまえ」からはじめなさい』

『「デキるふり」からはじめなさい』


〈青春出版社〉

『どこでも生きていける 100年つづく仕事の習慣』

『「今いる場所」で最高の成果が上げられる100の言葉』

『本気で勝ちたい人は やってはいけない』

『僕はこうして運を磨いてきた』

『「独学」で人生を変えた僕がいまの君に伝えたいこと』

〈清談社Publico〉
『一流の人が、他人の見ていない時にやっていること。』
『一流の人だけが知っている、他人には絶対に教えない この世界のルール。』

〈総合法令出版〉
『20代のうちに知っておきたい お金のルール38』
『筋トレをする人は、なぜ、仕事で結果を出せるのか？』
『お金を稼ぐ人は、なぜ、筋トレをしているのか？』
『さあ、最高の旅に出かけよう』
『超一流は、なぜ、デスクがキレイなのか？』
『超一流は、なぜ、食事にこだわるのか？』
『超一流の謝り方』
『自分を変える 睡眠のルール』
『ムダの片づけ方』
『どんな問題も解決する すごい質問』
『成功する人は、なぜ、墓参りを欠かさないのか？』
『成功する人は、なぜ、占いをするのか？』
『超一流は、なぜ、靴磨きを欠かさないのか？』
『超一流の「数字」の使い方』

〈SBクリエイティブ〉
『人生でいちばん差がつく20代に気づいておきたいたった1つのこと』
『本物の自信を手に入れるシンプルな生き方を教えよう。』

〈ダイヤモンド社〉
『出世の教科書』

〈大和書房〉
『20代のうちに会っておくべき35人のひと』
『30代で頭角を現す69の習慣』
『やめた人から成功する。』
『孤独になれば、道は拓ける。』
『人生を変える時間術』
『極 突破力』

〈宝島社〉
『死ぬまで悔いのない生き方をする45の言葉』
【共著】『20代でやっておきたい50の習慣』
『結局、仕事は気くばり』
『仕事がつらい時 元気になれる100の言葉』
『本を読んだ人だけがどんな時代も生き抜くことができる』
『本を読んだ人だけがどんな時代も稼ぐことができる』
『1秒で差がつく仕事の心得』

『仕事で「もうダメだ!」と思ったら最後に読む本』

〈ディスカヴァー・トゥエンティワン〉
『転職1年目の仕事術』

〈徳間書店〉
『20代で身につけたい 一度、手に入れたら一生モノの幸運をつかむ50の習慣』
『想いがかなう、話し方』
『君は、奇跡を起こす準備ができているか。』
『非常識な休日が、人生を決める。』
『超一流のマインドフルネス』
『5秒ルール』
『人生を変えるアウトプット術』
『死ぬまでお金に困らない力が身につく25の稼ぐ本』
『世界に何が起こっても自分を生ききる25の決断本』
『10代で知っておきたい 本当に「頭が良くなる」ためにやるべきこと』

〈永岡書店〉
『就活で君を光らせる84の言葉』

〈ナナ・コーポレート・コミュニケーション〉
『15歳からはじめる成功哲学』

〈日本実業出版社〉
『「あなたから保険に入りたい」とお客様が殺到する保険代理店』
『社長!この「直言」が聴けますか?』
『こんなコンサルタントが会社をダメにする!』
『20代の勉強力で人生の伸びしろは決まる』
『ギリギリまで動けない君の背中を押す言葉』
『あなたが落ちぶれたとき手を差しのべてくれる人は、友人ではない。』
『新版 人生で大切なことは、すべて「書店」で買える。』

〈日本文芸社〉
『何となく20代を過ごしてしまった人が30代で変わるための100の言葉』

〈ぱる出版〉
『学校で教わらなかった20代の辞書』
『教科書に載っていなかった20代の哲学』
『30代から輝きたい人が、20代で身につけておきたい「大人の流儀」』
『不器用でも愛される「自分ブランド」を磨く50の言葉』
『人生って、それに早く気づいた者勝ちなんだ!』
『挫折を乗り越えた人だけが口癖にする言葉』
『常識を破る勇気が道をひらく』

『読書をお金に換える技術』

『人生って、早く夢中になった者勝ちなんだ!』

『人生を愉快にする！　超・ロジカル思考』

『こんな大人になりたい!』

『器の大きい人は、人の見ていない時に真価を発揮する。』


〈PHP研究所〉

『「その他大勢のダメ社員」にならないために20代で知っておきたい100の言葉』

『お金と人を引き寄せる50の法則』

『人と比べないで生きていけ』

『たった1人との出逢いで人生が変わる人、10000人と出逢っても何も起きない人』

『友だちをつくるな』

『バカなのにできるやつ、賢いのにできないやつ』

『持たないヤツほど、成功する!』

『その他大勢から抜け出し、超一流になるために知っておくべきこと』

『図解「好きなこと」で夢をかなえる』

『仕事力をグーンと伸ばす20代の教科書』

『君のスキルは、お金になる』

『もう一度、仕事で会いたくなる人。』

『好きなことだけして生きていけ』


〈藤田聖人〉

『学校は負けに行く場所。』

『偏差値30からの企画塾』

『「このまま人生終わっちゃうの？」と諦めかけた時に向き合う本。』


〈マガジンハウス〉

『心を動かす 無敵の文章術』


〈マネジメント社〉

『継続的に売れるセールスパーソンの行動特性88』

『存続社長と潰す社長』

『尊敬される保険代理店』


〈三笠書房〉

『「大学時代」自分のために絶対やっておきたいこと』

『人は、恋愛でこそ磨かれる』

『仕事は好かれた分だけ、お金になる。』

『1万人との対話でわかった 人生が変わる100の口ぐせ』

『30歳になるまでに、「いい人」をやめなさい!』


〈リベラル社〉

『人生の9割は出逢いで決まる』

『「すぐやる」力で差をつけろ』

著者紹介

千田琢哉（せんだ・たくや）

愛知県生まれ。岐阜県各務原市育ち。文筆家。東北大学教育学部教育学科卒。日系損害保険会社本部、大手経営コンサルティング会社勤務を経て独立。コンサルティング会社では多くの業種業界におけるプロジェクトリーダーとして戦略策定からその実行支援に至るまで陣頭指揮を執る。

のべ3,300人のエグゼクティブと10,000人を超えるビジネスパーソンたちとの対話によって得た事実とそこで培った知恵を活かし、"タブーへの挑戦で、次代を創る"を自らのミッションとして執筆活動を行っている。著書は本書で176冊目。

音声ダウンロードサービス「真夜中の雑談」、完全書き下ろしPDFダウンロードサービス「千田琢哉レポート」も好評を博している。

君が思うより人生は短い 〈検印省略〉

2023年 3 月 31 日 第 1 刷発行

著 者――千田 琢哉（せんだ・たくや）
発行者――田賀井 弘毅

発行所――株式会社あさ出版
〒171-0022 東京都豊島区南池袋 2-9-9 第一池袋ホワイトビル 6F
電 話 03 (3983) 3225 (販売)
03 (3983) 3227 (編集)
F A X 03 (3983) 3226
U R L http://www.asa21.com/
E-mail info@asa21.com
印刷・製本 美研プリンティング (株)

note http://note.com/asapublishing/
facebook http://www.facebook.com/asapublishing
twitter http://twitter.com/asapublishing

ISBN978-4-86667-492-6 C2034